LA CLAVICULE
DE LA
SCIENCE
HERMETIQUE

Copyright © 2018

Éditions Unicursal Publishers
www.unicursalpub.com

ISBN 978-2-924859-89-6

Première Édition, Lughnasadh 2018

Tous droits réservés pour tous les pays.

LA CLAVICULE
DE LA
SCIENCE
HERMETIQUE

ECRIT PAR
UN HABITANT DU NORD,
DANS SES HEURES DE
LOISIR,
L'AN MDCCXXXII.

A AMSTERDAM,
Chez PIERRE MORTIER,
MDCCLL

Note au lecteur

Le texte qui suit respecte le format de l'original datant de 1751. Ainsi, la pagination, le nombre de lignes par page et le nombre de caractères par ligne est respecté, permettant ainsi une recherche facile des références citées par d'autres auteurs.

Signes des Métaux

Cet ouvrage comprend des références aux métaux exprimés par le symbole d'une planète associée. À chaque emplacement d'un signe de métal, une combinaison de caractères le remplace comme suit :
Le signe = suivi de la lettre M (Métaux), enfin suivi par une lettre dont la signification est la suivante:

a	:	La Lune	=	L'argent.
c	:	Vénus	=	Le cuivre.
e	:	Jupiter	=	L'étain.
f	:	Mars	=	Le fer.
m	:	Mercure	=	Le mercure ou vif-argent.
o	:	Le Soleil	=	L'or.
p	:	Saturne	=	Le plomb.

Ex: …le Soleil par =Ma la Lune (par l'Argent).

Lib. Sohar Tit. XVIII. Part. Collect.

§. 42.

Quicquid in supernis est, simile quid habet inferius: & quicquid inferius est, simile quid habet in mari &c.

ASCLEPIUS Cap. XIII.

Iterum ad hominem, rationemque redeamus, ex quo divino dono, homo animal dictum rationale. Minus enim miranda, et si miranda sunt, quae de homine dicta sunt: Sed omnium mirabilium vincit admirationem, quod homo divinam potuit invenire Naturam, eamque efficere.

EDDA in Voluspa. 60. strophe.

Da munnu epter undursam leger
Gullnar toplur i grase firmast
Defs i ârdaga attur hofdu.

i. e.

Post haec mirabiles
Aureae tabulae in herba reperientur
Eorum qui has olim possederunt.

NATURAE

VIRGINI IMPOLLUTAE

ET

ARTI

HANC DUCEM SEQUENTI

Haec mea otia Vespertina
humillime dico
pulvisculus Paradisi

EGO, HOMO.

A

LA NATURE

VIERGE NON SOUILLEE

ET A

L' A R T,

QUI LA SUIT COMME
SON GUIDE

Je consacre très-humble-
ment mes délassemens
du soir,
moi, qui suis un grain de
poussière du Paradis,

UN HOMME.

LECTORI

BENEVOLO.

Videor mihi vocem tuam prope indignantis audire ad conspectum hujus codicilli: Mirabere, nondum oportunum nobis visum, hos rivos claudere, quos ad nauseam usque antiqua monumenta nobis propinarunt, & tot libri chartaeque biberunt: Scilicet ab aquilone, inquies, in hoc argumento novi aliquid exspectabimus, ubi jam pridem Heliconis fontes rigido inalgescunt gelu? Inde Aegyptiorum Isidi & obsoletis Sacris, nitor & cultus velut postliminio restituendus est? Si auctoris insuper nomina, otia & negotia perpendis, quid non ab exspectatione tua alienum & insolens

AU LECTEUR

BENEVOLE.

IL me semble que je vous entens gronder à l'aspect de cette brochure; vous êtes étonné de ce que nous ne sommes pas d'humeur de laisser tarir encore une source, qui a fourni de quoi remplir tant de papier & tant de livres. Vraiment direz-vous, c'est bien du Nord, où il y a longtems que les sources de l'Hélicon sont prises par les glaces, que nous devions attendre quelque chose de nouveau sur cette matière? C'est de-là sans doute que doit venir à la Déesse des Egyptiens Isis, & à ses anciens Mystères le rétablissement de leur premier lustre & de leur splendeur ancienne. Si vous considérez encore le nom, les amusemens, & les occupations de l'auteur, combien ne serez vous pas

judicabis? Si tamen & ipse aequus es, noli de causa nondum tibi satis perspecta sententiam ferre. Habuit olim Schythia suos Abarides & Xamolxides. Si errorem appellas, non eadem cum fabulosa antiquitate oberrare chorda. Totum perlege & illud fortassis Poetae usurpabis:

Felices errore suo, quos despicit arctos.

Neque enim adducor, ut credam, illud uberrimae Naturae cornu copiae, adeo ab aliis exhaustum esse, ut quae ceteris Alma Mater vocitetur, nobis unis in hac plaga degentibus, nover-

trompés dans votre attente, & combien ne jugerez vous pas cette entreprise étrange? Si vous-même êtes équitable, suspendez votre jugement dans une cause de laquelle vous n'êtes pas encore assez instruit. La *Schytie* a eu autrefois ses *Abarides* & ses *Xamolxides*. Si vous prétendez que nous sommes dans l'erreur, parce que nous ne chantons pas la même chanson que la fabuleuse antiquité: lisez tout & vous direz peut-être avec le Poète:

Felices errore suo, quos despicit arctos.

Car je ne puis me persuader que la corne d'abondance de la Nature soit tellement épuisée qu'elle, que d'autres ont appellé une bonne Mère, nous soit, à nous qui habitons ces climats, une Marâtre, & qu'elle ne voulût pas que

ca sit, a quibus nullo vel beneficio vel merito agnosci voluerit. Fallor, an sinus etiam nobis aperit suos, quos si niveos, si lacteos & tepentes amas, aude aliquid, infantum, more, studio, affectu, simplicitate. Perlectis his paginis, occurrent, opinor, nonnulla, de quibus siluere alii. Si te delectant & juvant, compos factus sum voti mei & ad majora me erigunt. Si displicent, ignosce candido animo proximi mei studiosissimo.

AUCTOR.

nous la reconnussions pour Mère par aucun mérite, ni bienfait de sa part envers nous. Je me trompe, ou elle nous ouvre aussi son sein; si vous l'aimez ce sein, blanc comme neige, plein de lait, & respirant une douce chaleur, risquez quelque chose comme font les enfans par des manières simples, flateuses, & pleines d'affection. J'espére qu'en lisant ce peu de pages vous trouverez des choses dont d'autres n'ont pas parlé; si elles vous amusent utilement je croirai mes voeux accomplis; & cela m'excitera à tenter quelque chose de plus important: mais si elles vous déplaisent, pardonnez au zèle que j'ai d'obliger mon prochain.

L'A U T E U R.

UT colophonem operi suo eximio adderet altissimus, hominem creavit, eumque dotibus tam variis, tam insignibus cumulavit, ut ad similitudinem suam fabricatum esse, ipse fateri haud dubitaverit. Quot quantisque eum in posterum, etiam rebellem & inimicum prosecutus sit beneficiis, quantisque apud eum fuerint vita & salus mortalium, ut filio suo unigenito in hominum gratiam non pepercerit, abunde testatur scriptura, sufficienter persuadet Christiana Veritas. Haec sunt testimonia omni exceptione majora. Sed cum multa apprehendat fides, quae non intelligit ratio, in hoc tamen conveniunt ambo, quod homo sit omnium creaturarum creatura nobilissima. Tantum valuit hujus veritatis vis & cognitio apud antiquos divina revelatione orbatos, ut Aegyptiis scientiarum avidissimis, praecipua fue-

LE Très-Haut pour mettre le comble à la création forma l'homme & le doua de qualités si différentes & si belles qu'il n'a pas hésité à avouer qu'il était fait selon son image. L'Ecriture Sainte témoigne & la Religion Chrétienne nous persuade suffisamment de combien de bienfaits Dieu l'a comblé dans la suite, quoiqu'il fut rebelle & son ennemi; & qu'il n'a pas même épargné son fils unique pour le salut du genre humain. Ces témoignages sont au-dessus de toute exception. Et quoique la foi croye bien des choses que la raison ne comprend pas, elle conviennent cependant l'une & l'autre en ceci, que l'homme est de toutes les créatures la plus noble. Cette vérité est si claire, & a fait tant d'impression sur les anciens, qui n'étoient pas éclairés par la Révélation; que les Egyptiens très-avides des sciences faisoient leur principale étude de l'art de se connoître soi-même.

rit cura, primariumque studium:
Noscere seipsos.

Qui ex Aegypto hauserunt sua dogmata Graeci, eundem canonem, tanquam veram basin totius Sapientiae, in Graeciam secum transtulerunt, ac celebratissimi sui fani Delphici foribus, simulque parietibus incidendum curarunt:

Consule te ipsum, nosce temet
Et ambula ab intra.

Longa deinceps rerum experientia edocti de harmonia hominis cum universo, eum compendium totius, vel potius Microcosmum statuerunt. Haec est clavis sigilli magni illius Hermetis, cujus emblema, manus Sphaeram vel parvum mundum tenens, cum inscriptione:

Quod est superius, est sicut id, quod est inferius.

De Chymaeris alchymistici orbis, egregia haec verba, in robur suorum phantasmatum detorquentis & diripientis, nulla mihi cura est. Suffi-

Les Grecs, qui ont puisés leur dogmes chez les Egyptiens, aïant rapporté dans leur païs cette même règle qu'ils regardoient comme la base de toute sagesse, ont fait mettre sur les portes & les murailles de leur fameux Temple de Delphes, ces paroles

> Consule te ipsum, nosce temet
> Et ambula ab intra.

Après qu'une longue expérience eut fait appercevoir l'harmonie qu'il y a entre l'homme & l'Univers, on l'a cru l'abrégé du tout, ou plûtôt le petit monde. C'est là la clef du sceau de ce grand Hermes, duquel l'emblême est une main, qui tient une sphère, ou bien un petit monde avec cette inscription

> Ce qui est en haut est le même que ce qui est en bas.

Je ne m'embarrasse pas des rêveries des Alchimistes, qui font violence à ces paroles pour les faire servir à confirmer leurs chimères. Il suffit que leur grand

ciat, maximum illorum principem
ex intimis Naturae penetralibus haec
hausisse. Unde idem in ASCLEPIO:

Propter hoc, o Alclepi, magnum miraculum
Est homo, animal adorandum & honorandum.

Hanc hominis praerogativam convellere quis forsitan tentaverit, argumento miserae sortis humanae, multorum aliorum in tribus Naturae regnis, tam qua victum & amictum, quam quoad spirituum vitalium, sensuum &c. vigorem longe inferioris, adeo ut ex notitia mei ipsius, nihil aliud proficiendo ediscere possim, quam summam meam imperfectionem, immo omnium in me calamitatum colluviem. Verum an haec objectio & consideratio, scopo axiomatis nostri repugnet, an vero utilitas ejus in Theologia & Philosophia Morali potius inde elucescat, nunc mihi non est fermo. Liceat in proposito meo huic quaestioni, quaestione praevia obviam ire. Quis te docuit te miserrimum creaturarum

chef a puisé ceci dans les Mystères les plus cachés de la Nature. D'où vient que le même dit dans Asclepius

> C'est pour cela ô Esculape, que l'homme est un grand Miracle, un animal qu'on doit honorer & adorer.

On pourroit s'aviser quelquefois de vouloir disputer cette prérogative à l'homme, en alléguant le sort misérable des humains, inférieur de beaucoup à celui des autres animaux dans les trois règnes de la Nature, tant par rapport à la manière de vivre & au vêtement, qu'à la force ou vigueur des esprits viteaux, des sens, &c. de sorte que si je tourne les yeux sur moi-même, je n'apprens autre chose si ce n'est à reconnoître mon imperfection extrême, & que je suis menacé de voir fondre sur ma tête un déluge de maux; mais je ne prétens pas décider si cette considération est opposée au but de notre axiome, ou bien si son utilité se manifeste davantage dans la Théologie & dans la Philosophie morale. Qu'il me soit permis d'aller au devant de cette question par une autre que voici: Qui vous a enseignez que vous êtes

esse? Nimirum recta tua ratio & vis nostri Canonis. Si haec tuam miseriam aperit tibi, conservatio tui, te contra aerumnas tuas remedia quaerere jubet. Ergo regula mea commodo & saluti est. Si recta ratio? dic mihi penes quam creaturam, praeter hominem, hanc rectam rationem invenis? Ergo creatura, recta ratione praedita, omnium praestantissima est. Alioquin venerabilis haec antiquitas de dignitate hominis vix judicavit ex partibus ejus corporeis, terrestribus & elementaribus, quas quotidiana experientia docuit innumeris calamitatibus esse obnoxias & elementa elementis reddenda; sed ex admirando nexu & concursu virtutum superiorum in homine, tanquam in centro suo. Reliqua animantia, duabus tantum partibus, corpore scilicet organico & spiritu vitali composita videbant. Tertium quid in homine concernentes, post fata superstes, modo animam, modo ignem coelestem, nunc genium, nunc mentem nominarunt. De ejus origine & Patria, divina luce privati, varia somniarunt, a reliquis tamen creatis toto

*de toutes les créatures la plus misérable?
C'est sans doute votre raison & la force
de notre règle. Mais si la force de notre
règle vous dévoile votre misère, la con-
servation de vous même vous ordonne de
chercher des remédes contre cette même
misère; par conséquent ma règle vous est
utile & salutaire. Mais si c'est la raison, dites-moi, dans quelle créature excepté l'homme trouvez vous la raison?
Par conséquent la créature douée de raison est la plus excellente de toutes. La
vénérable antiquité ne jugeoit pas de l'excellence de l'homme par les parties cor-
porelles, terrestres, & élémentaires,
qu'une expérience journalière nous apprend
être sujettes à des calamités sans nombre,
& que ce qui vient des élémens leur doit
être rendu; mais elle en jugeoit par la
connexion admirable & le concours des
vertus supérieures & inférieures qui se
trouvent dans l'homme, comme dans leur
centre. Ces grands hommes voïant que
les autres animaux n'étoient composés que
de deux parties: d'un corps organisé &
de l'esprit vital, ont remarqué dans l'homme une troisième chose, qui subsistoit a-
près la mort, & qu'ils nommoit tantôt
ame, tantôt feu céleste, ou bien génie*

coelo distare judicabant ex operationibus ejus, inter quas intellectum, volendi arbitrium, rectam rationem, sapientiam, amorem veritatum, utpote Mathematicarum, quae fallere nesciunt, ac reliquas notiones quae in bruta non cadunt, numerabant. Sicque ex effectu & operatione de existentia animae certi, de essentia & migratione post fata incerti, quorundam, imprimis Heroum ac Magorum, animas, albo Deorum ac semi Deorum suorum inscripserunt. Nos vero pleniori ab ipso auctore imbuti hujus rei informatione, praeter rationes has, quae cum gentilibus nobis communes sunt, quotidie cernimus novas & indubitatas ejus operationes per fidem salvisicam, quam apprehendit anima Christiana & cujus notitia in bruta cadere non potest.

Nam si hoc tertium nobis a creatore directe & per habitum tributum non fuisset, haud magis aptus esset homo, ac reliqua viventia terrae, de

ou esprit. Privés de la Révélation ils se sont formés différentes idées sur la patrie & l'origine de l'homme, qu'ils ont jugés différer totalement du reste des Créatures, par ses opérations; parmi lesquelles ils comptoient l'intelligence, la volonté, la saine raison, la sagesse, l'amour pour les vérités mathématiques, qui ne peuvent tromper, & par les autres notions, qui ne se rencontrent pas dans les Brutes. De cette manière ils se sont assurés de l'existence de l'ame; mais comme ils étoient incertains de son essence, & de ce qu'elle devenoit après la ruine du corps, ils ont placés quelques ames au nombre des Dieux & des Demi-Dieux, sur tout celles des Héros & des Sages. Mais nous qui sommes mieux instruits de ces choses par l'Auteur même de l'ame, nous connoissons non seulement les raisons que connoissoient les Payens, mais nous y découvrons encore tous les jours par la Foi de nouvelles, & de plus sûres opérations: Foi que l'ame Chrétienne conçoit mais que les Brutes ignorent entièrement.

Si le Créateur ne nous avoit pas accordé cette Ame directement & habituellement, l'homme ne seroit pas plus propre que les autres animaux à avoir quelques

DEO quidquam cogitare, vel Evangelium & Christianas veritates recipere, etiamsi millies ipsi praedicarentur. Hoc ipsum indicat in homine quicquam delitescere, quod per notiones postea, tanquam e somno, resuscitatur. Si hoc non esset, injuste ab aequo judice ad aeternas poenas damnaretur homo propter neglectum eorum, quorum notitiae, aeque ac bos, herba vel faxum incapax fuisset. Injuste a creditore petitur ratio ejus rationis, quae nunquam concredita suit. Si vero semel concreditum sua in posterum culpa perdit ac negligit, debitor summo jure hoc modo amissi poenas luere debet, nisi intervenerit gratia creditoris. Huic soli creaturae aeternum quid ab aeterno opifice collatum est.

Per hoc a caeteris animalibus tantum differt homo, anima rationali & immortali praeditus, ut non inter sed super animalia omnia censeri mereatur. Per hoc subjectionem & inferioritatem suam, simul ac dominium & praecellentiam hominis agnoscunt & venerantur reliqui elenentorum Cives. Cui accedit recta

idées de Dieu, ou à recevoir l'Evangile & les vérités de la Religion Chrétienne, quand on les lui précheroit mille fois. Cela même fait voir qu'il y a dans l'homme quelque chose de caché, qui se réveille comme d'un sommeil par les notions qu'on lui présente. Si cela n'étoit pas, l'homme seroit condamné injustement par le Juge équitable à des peines éternelles pour avoir négligé des vérités qu'il étoit aussi incapable de connoitre que l'est le boeuf, l'herbe ou la pierre. Ce seroit de même injustement qu'un Créditeur redemanderoit le rembourcement d'une somme qu'il n'auroit pas prêtée. Mais si un Débiteur perd ou néglige par sa faute la somme qui lui a été confiée, c'est à bon droit qu'il en est puni, à moins que le Créditeur ne lui fasse grace. C'est à cette Créature seule que le Créateur éternel a confié quelque chose d'éternel. L'homme différe donc des autres animaux en ce qu'il est doué d'une ame raisonnable & immortelle; de sorte qu'il mérite plûtôt d'être mis au-dessus d'eux que d'être compté parmi eux. Par-là les autres habitans des élémens connoissent, & la sujettion & l'infériorité de l'homme; & sa domination & son excellence. A quoi se joint la saine raison, entens qu'el-

ratio tanquam radiusculus deperditae imaginis divinae. Hunc per lapsum protoplastorum maxime adumbratum, & quasi in agone relictum, notitiâ sapientissimae Naturae reficere & excolere indefesso studio incumbebant veteres illi Magi Chaldaei, Aegyptii ac Hebraei. Noverunt enim hi Adamum quidem ex Eden pulsum & ejectum, sed nusquam invenerunt Eden e terris sublatum & deletum, quin potius aditum ejus, quamvis strictissime, ibi custodiri Palatii instar, cujus portae arctissime clausae, non tollunt existentiam ipsius aedificii vel opum ibi reconditarum. Suam igitur Isidem, Naturam, adiverunt, eamque tot divitiis, tanta sapientia, ubertate & benignitate refertam offenderunt, ut in stuporem quasi versi, unice se ejus studio & cognitioni dederint. Cumque castissima haec virgo haud facile arceat veros suos procos, dummodo venia Parentis, constanti animo & fine praevio amore spurio, Aristotelis nimirum, Logicarum ac Scholasticarum subtilitatum, sese ipsi totos voveant, indefessis suis officiis, adeo ejus gratiam aucupati

le est un foible rayon de l'image divine perdue. Les anciens Philosophes Chaldéens, Egyptiens & Hebreux ont fait tous leurs efforts pour reparer par la connoissance de la très-sage nature ce rayon que la chute de nos premiers Pères avoient laissé presque comme éteint. Ils savoient qu'Adam avoit été chassé d'Eden, mais ils n'ont trouvés nulle part qu'Eden fut ôté de dessus la terre, bien au contraire ils savoient que l'accès en étoit gardé très-soigneusement, comme d'un Palais dont les portes sont bien fermées, ce qui ne prouve cependant pas que l'édifice n'existe plus ou que les trésors cachés n'y sont plus. Ils se sont donc adressés à leur Isis, la Nature, & la trouvant pourvue de tant de sagesse, de richesses & de générosité, ils en furent tellement étonnés qu'ils ont fait leur unique étude de la connoitre. Et comme cette Vierge chaste ne rebute pas aisément ceux qui l'aiment véritablement, pourvu qu'ils la recherchent après en avoir obtenu la permission de son Père, & qu'ils ne soyent pas animés d'un faux & fol amour pour Aristote & les subtilités logiques & scholastiques, mais se devouent entièrement à elle; ils ont sçu gagner tellement ses bonnes graces, par

sunt, ut ipsa illis semitam rectam indicaverit adeundi & visitandi intima sua arcana: nullam sibi aliam stipulans mercedem, quam laudes maximi sui Auctoris, prudentiamque & silentium amasiorum suorum.

Quousque beati ac ter beati illi veteres hac via olim pervenerint, pleni sunt omnes libri, plenae Sapientium voces, plena eruditorum scripta. Stupenda eorum rudera, quae adhuc supersunt, testes sunt palpabiles, neque opes, neque vires, neque cunctas nostras doctrinas Mathematicas, Architectonicas, Mechanicas, Statuarias, Astronomicas, Physicas, Chymicas, Magicas &c. Scientiarum illud pristinum culmen attingere, nedum aequiparare posse. Dubitans, vel plura de hoc scire desiderans, adeat Herodotum, Platonem, Democritum, Josephum, Pancirollum, Morhossium, Borrichium & alios.

Ne vero medium hoc inter hominem & naturam (quod magnam Catenam vocaverunt) Divinaeque illae scientiae, tantis curis & laboribus ab ipsis quaesitae & comparatae, cum ip-

des caresses constantes, qu'elle même leur a enseigné le sentier véritable pour visiter & pénétrer ses secrèts les plus cachés, sans exiger d'autre recompense que des louanges pour son grand Auteur, & la prudence & le silence dans ses Amans. Tous les Livres & les écrits des heureux & trois fois heureux sages & savans anciens font voir jusques où ils sont parvenus par cette voye, & les monumens merveilleux, qui nous restent encore, témoignent d'une manière palpable que ni nos richesses, ni nos forces, ni tout notre savoir dans les Mathématiques, l'Architecture, les Méchaniques, la Sculpture, l'Astronomie, la Physique, la Chimie, la Magie, &c. ne sauroient atteindre au point de sublimité où étoit parvenue anciennement la sçience, bien moins lui être comparés. Quiconque en doute ou bien desire d'en savoir davantage peut consulter Hérodote, Platon, Démocrite, Joseph, Pancirolle, Morhoff, Borrichius & nombre d'autres.
Mais afin que ce milieu qu'il y a entre l'homme & la nature qu'ils ont nommé la grande chaîne, & cette Sçience Divine qu'ils s'étoient acquise par tant de soins & de peines ne se perdit pas avec eux &

sis perirent ac oblivioni traderentur, columnis, marmoribus, tabulis, lapidibus & libris (per hieroglyphica tamen & literas suas sacras, ut profanum vulgus modeste arcerent, solerti vero & digno artis filio paterent) posteris consignare valde soliciti erant. Sed haud secus ac maxima regna, integraeque nationes & urbes, ita sua quoque habuere fata scientiae, ingravescentibus libidine regnandi, discordiis & bellis, exulabant Philosophi, inter Patriae ruinas sepulta sunt ingeniorum monumenta, blandaque Natura quasi vidua, sua se involvebat virtute. Successit ignorantia, oblivio, barbaries, ferocitas cum contemtu ac odio optimarum artium ac scientiarum. De Diocletiano traditur, eum in Aegypto omnes Magorum Libros, quos injuriae temporum adhuc superstites reliquerant, mandato publico in unum, sub poena capitis, collectos, comburi & penitus deleri jussisse, ne ex eorum supellectili & doctrina, tamquam ex promptuario inexhausto, gens in seditiones pronissima, novis semper muniretur opibus, quibus toties eam

ne tombât dans l'oubli, ils ont eu grand soin de la transmettre à la postérité, sur des colonnes, sur le marbre, le bois, la pierre & dans des livres en caractères hieroglyphiques & sacrés, afin que les dignes Fils de l'art en fussent seuls instruits & le vulgaire exclus. Mais les sciences ont subi le même sort, que de grands Royaumes, des Villes & Nations entières. L'envie de règner a fait naitre la discorde & les querelles; les Philosophes furent alors exilés, les monumens du génie ensevelis sous les ruines de la patrie, & la nature devenue veuve, pour ainsi dire, se renferma dans sa propre vertu. A ceci a succédé l'ignorance, l'oubli, la barbarie, la férocité avec le mépris & la haine pour les arts & les sciences. L'Histoire raporte que l'Empereur Diocletien ordonna, sous peine de la vie, de recueillir tous les livres des sages d'Egypte, qui avoient échappés aux injures du tems & de les détruire & bruler, afin que ce peuple extrêmement enclin à se revolter ne puisât pas de nouveau dans ces livres des richesses, dont les prédécesseurs de ce Prince l'avoient si souvant dépouillé.

antea exui & spoliari curaverunt autecessores.

Cum vero in hoc communem cum veritate habeat sortem Sapientia, ut ad tempus quidem premi, nec tamen penitus opprimi ac deleri possit, etiam invito fato, tanta remanserunt vestigia pristini ejus fastigii, quum Arabes seculis sequentibus Aegyptum intrarent, ut horum Reges, Principes ac Proceres sibi denuo devinctos reddere coeperit. Interea nonnullis quidem Grajorum, Latinorumque, saltem primis illis Christianismi aevis, haec Eleusinia sacra ex Aegypto allata, adire contigit, sed adeo paucis, ut praeter unum aliumve, & illum quidem egregium Magistrum, vix nomina ceterorum tristia horum imperiorum fata nobis reliquerunt. Arabes vero & Saraceni harum scientiarum dotibus aucti, non solum dominiis potentissimorum regnorum, verum etiam copia maximorum Philosophorum brevi annorum spatio inclaruere. In hujus rei fidem adsunt superba in Murcia & Granada, alibique a Barbaris Ottomannis nondum diruta monumenta.

Mais comme la Sagesse a cela de commun avec la Vérité, qu'elle peut bien être persécutée pour un tems, mais non pas tout-à-fait opprimée ni détruite, il est resté malgré sa mauvaise fortune, tant de traces de son ancien lustre que lorsque les Arabes sont entrés en Egypte dans les siécles suivans, elle a sçu s'attacher leurs Rois & leurs Princes. Quelques Grecs & Latins, du moins dans les premiers siècles du Christianisme, lorsque les Mystéres de Cérès furent apportés d'Egypte, eurent en attendant le bonheur de s'approcher d'elle; mais ils ont été si peu en nombre, qu'excepté l'un ou l'autre, & cet excellent maitre même, les noms des autres sont à peine connus. Les Arabes & les Sarasins, enrichis de cette science, se sont non seulement rendus maitres de grands Royaumes, mais sont encore devenus illustres en peu de tems par le grand nombre des Philosophes qu'ils ont eu: c'est dequoi les monumens superbes, qui subsistent encore dans les Royaumes de Grenade & de Murcie; & ailleurs, où la barbarie des Turcs les a épargnés, font foi: témoins les auteurs les

Testes quoque sunt optimae notae Auctores ad nos tandem transmissi. In horum autem Librorum lectione maxime dolendum, hanc gentem adeo indulsisse genio invidiae sibi soli sapiendi, ut paucissimi simplicis naturae viam indigitaverint, quin potius tirones studio in devia abduxerint, falsa supponendo, quae naturam plus evertunt, quam adjuvant & emendant. Cumque notissimum ipsis fuerit, quantum auri sacra fames mortalia pectora cogat, ut magis allicerent, simul ac repellerent inquisitores a via universali Naturae, mea opinione vera & unica, ad infinitas particulares deflectentes, ad regnum Minerale & Metallicum unice se contulere, clamantes quod aurum sine auro nunquam fieri possit, ut ex bove non nisi bos, ex equo equus &c. Quod quidem fundamentum verissimum, nam aurum sine semine auri conficere, impossibile quoque Naturae est: hoc vero philosophice solvere, & in semen redigere sine nostro medio & accurata trutina Naturae, maximo quoque philosopho impossibile erit. Hoc opus, hic labor, in

plus respectables qui le confirment par leurs témoignages.

Il est déplorable que ce peuple ait été si envieux que de vouloir seul posséder la Sagesse, en sorte qu'un petit nombre d'entr'eux, bien loin d'indiquer dans leurs livres le chemin simple de la nature, a supposé, pour en détourner ceux qui la vouloient connoitre, des faussetés qui la détruisent plutôt qu'ils ne l'aident & ne la redressent. Et comme ils n'ignoroient pas que la soif insatiable de l'or possède l'homme, ils se sont attachés uniquement dans la vûe de l'attirer davantage & de le faire sortir, en même tems, du chemin simple de la nature, qui selon moi est le seul véritable, pour le jetter dans une infinité d'autres chemins particuliers, ils se sont, dis-je, attachés uniquement au régne minéral & métallique, soutenant que l'or ne pouvoit se faire sans or, tout comme d'une vache provenoit une vache, & d'un cheval un cheval, &c. Les fondemens de cette règle sont très véritables; car il n'est pas possible à la nature de produire de l'or sans semence d'or, & il ne sera de même pas possible au plus grand Philosophe de le dissoudre philosophiquement, & de le réduire en semence d'or,

hoc medio adquirendo, quod tibi
introitum monstrabit ad occlusum
Regis Palatium. Hoc summo studio
reticuere Arabes, eorumque discipu-
li & asseclae, nostrorum temporum
Philosophi: & licet hinc inde aureas
quasdam nobis sparserint sententias,
unoque ore clament: Stude Naturae,
hanc tamen tot larvis, tegminibus,
vestibusque induerunt peregrinis, ut
vix ac ne vix quidem ab Hermete
ipso dignosceretur. Cum tantis viris
in arenam prodire, eorumque argu-
menta convellere, mihi non est sco-
pus. Quin potius cautionem & cal-
liditatem eorum in occultandis secre-
tis Naturae maxime veneror. Salva
tamen eorum venia, licitum sit mihi,
oro, hac vice asseverare, quod quam-
diu horum vestigiis inhaeseris, in libris eorum tibi patefactis, nunquam
ad optatum scopum pervenire potes.
Non rectam viam tendis quae te non
ad almae Naturae domicilium ducit,
sed potius te inde directe abducit.
Unum tamen tibi subministrabo con-
silium, si tantum a te ipso impetrare
potes, ut perlectis nonnullis candi-
dissimis Auctoribus, firmiter in ani-

sans notre moyen, & sans la balance de la nature. Mais voici l'embaras, c'est de trouver le moyen de nous procurer l'entrée de ce Palais royal & fermé. Les Arabes ont eu grand soin de nous le cacher, en n'en disant rien, & leurs disciples & partisans, les Philosophes de notre siècle, ont fait de même: car quoi qu'ils débitent de côté & d'autre des sentences dorées en disant unanimement, attachez-vous à la Nature, ils l'ont néanmoins tellement déguisée en la masquant & la revêtant d'habillements étrangers, qu'à peine Hermes lui même pourroit il la reconnoitre. Je n'ai pas dessein de rompre une lance avec ces grands hommes, ni de refuter leurs argumens, au contraire, je fais beaucoup de cas de leur adresse & de leur précaution à cacher les secrets de la nature. Qu'il me soit cependant permis de dire, cette fois, que tant que vous suivrez les traces marquées dans leurs livres, vous n'atteindrez jamais le but que vous vous êtes proposé. Quiconque ne vous conduit pas directement au domicile de la Nature, ne tient pas le vrai chemin, mais vous en écarte. Je veux cependant vous donner un conseil, pourvu que vous pussiez obtenir de vous,

mo tuo deleas omnem appetitum adeundi & visitandi cruda Metalla, etiam mineralia cujuscunque sint generis, eorum vero loco si ad solas generationes Naturae earumque examina, etiam tui ipsius te unice applicare statuas, certo persuasus esse potes, te regiam ingressum esse viam. Hic est meus processus. Si quicquam in eo prosecerim tuum est judicare ex sequenti mea de hac re opinione, cujus te sine larva, sed candidissimo animo, participem nunc reddam. Si tibi non arridet, tuum erit meliorem investigare, eademque integritate, si placet, mihi retribuere. Saltim mea via te non inducet, Philosophorum more, in sumtuosos & inanes labores, cum praeter ordinarium tuum victum & amictum, vix duorum vel trium Imperialium impensam excedat.

Materia mea nec est animalis, nec Mineralis, sed ex omnibus participans, universalis & plus quam ulla alia in mundo res, per sympathiam Microcosmica nominari potest &

qu'après que vous aurez lû quelques auteurs, dont la sincérité est avérée, vous effaciez sérieusement de votre esprit toute envie de visiter les métaux cruds & les minéraux de toute espèce; & si vous vous appliquez au contraire uniquement aux générations de la Nature, & à en faire l'examen, vous pourrez être bien persuadé que vous êtes entrés dans la voye royale. Voici ce que j'ai trouvé par mes recherches: vous jugerez vous même par l'opinion où je suis sur ce sujet, & que je vas vous communiquer sans détour, si j'ai avancé ou non. Si mon opinion ne vous plait pas, cherchez-en, je vous prie, une meilleure & m'en faites part avec la même franchise. La route que je vous indiquerai ne vous engagera pas du moins à faire de grands frais, ni des travaux inutiles à la manière des Philosophes; vû qu'outre les dépenses ordinaires, que vous êtes obligé dé faire pour votre entretien, il ne vous en coûtera pas plus de deux ou trois écus.

Ma matière n'est ni animale, ni végétable, ni minérale, mais elle participe à tous les trois. Elle est universelle & plus fréquente dans le monde que toute autre chose quelconque. Elle doit être nom-

meretur, semper & ubique, tam in
ultima Thule, quam in medio curiae
Romanae, tam die quam nocte, tam
aestate quam hyeme, tam levissimo
quam maximo discrimine haberi,
nec illa ullus mortalium carere potest. Nunquam in quiete, semper
in actu & motu. Nunquam in propatulo, semper in occulto. Minera
ejus profunda est, & Cimmeriis velata tenebris: nam latet in angustiis
& visceribus terrae, clausa, unde ab
artifice repente educitur & manifestatur.

Agnoscit originem suam e terra,
e coelo vitam. Unde animata non
mortua. Mercurius hic quidem vulgi, sed nequaquam vulgaris. Hic est
fluidus frigidus, meus fluidus calidus.
Ille non nisi innumeris ferme rebus
& laboribus sero & aegre depuratur,
meus unico & proprio. Hic meus
non nisi in unico corpore quiescit &
reperitur, licet omnia sub coelis viventia habeat aemula. Eundem colorem in fine, ac in principio recipit,
licet per infinitos medios summe
exaltatum: Ex infinitis coalescit, in-

*mée par simpatie microcosmique, & elle le mérite. On la trouve toujours & par tout, tant au fond des Indes, qu'au milieu de Rome, tant de jour que de nuit, en Eté comme en Hiver. On peut l'avoir avec très-peu & beaucoup de danger, & aucun mortel ne peut s'en passer. Elle n'est jamais en repos, mais toujours en action & en mouvement, jamais exposée mais toujours cachée à la vue. La mine où elle se trouve est profonde & couverte d'épaisses ténébres, car elle est renfermée dans des lieux étroits & les entrailles de la Terre, d'où ma matière est tirée & manifestée subitement par l'artiste.
Son origine est de la Terre & sa vie du Ciel. De-là vient qu'elle est animée & non pas morte. Ce Mercure est bien du vulgaire, mais nullement commun. Le commun est un fluide froid, le mien est un fluide chaud. Il faut bien des choses & des travaux pour épurer celui-là, tandis que le mien n'exige qu'un seul travail & qui m'est propre. Le mien ne réside & ne se trouve que dans un seul corps, quoique tout ce qui vit sous le ciel en soit jaloux. Il a la même couleur à la fin, qu'il avoit au commencement, quoiqu'il soit infiniment exalté. Il se forme d'une infi-*

de etiam crudus, per analysin, trium
regnorum affinitates indicat. Ejus
vero compositio mihi impossibilis est,
nec de ea sum sollicitus, nam praepa-
ratus & compositus, quantum proposito meo opus, mihi a Natura in
manus traditur. Vilissimus ac abjec-
tissimus, insuper ac pretiosissimus atque carissimus, etiam ante primam
operationem. Qua nomen omnibus
notissimus, qua virtutes plus quam
ignotus & inexpertus. Multos de
Coelesti ejus origine & praestantia,
magna augurantes, indeque ad ejus
perfectionem omnem moventes lapi-
dem elusit, nescientes ipsius debitam
& amicam concoctionem. Unde factum est, ut a summis Philosophis re-
jectus & damnatus videatur, & quidem merito, cum non nisi unico,
vere naturali, congruo, & occulto
& philosophico modo, in se ipso &
per se ipsum solvatur, moriatur, vi-
vificetur & perficiatur. Omni elementari igne, etiam levissimo, cujuscunque sit nominis, vel pellitur
vel necatur, ad minimum inidoneus
redditur ad Philosophicam resurrectionem. Unde materia sine debita

nité d'autres matières, d'où il indique par l'analyse, étant crud, les affinités qu'il a avec les trois règnes. Quoiqu'il ne me soit pas possible de le composer, je n'en suis point en peine; car la Nature me le donne préparé & composé autant qu'il doit l'être pour mon dessein. Il est très-vil & très-abject, mais aussi très-précieux & très-cheri, même avant la première opération. Son nom est très-connu de tout le monde, mais ses vertus sont plus qu'inconnues & qu'inexpérimentées. Il a trompé plusieurs personnes, qui se promettoient de grandes choses de son excellence & de sa céleste origine; & qui ont fait tous leurs efforts pour le perfectionner, ignorant sa vraie & amicale concoction. D'où il est arrivé que de grands Philosophes l'ont rejetté & condamné, même avec raison, puisqu'il ne peut être dissous, ni mourir, ni être vivifié, ni parfait, qu'en soi-même & par soi-même, d'une seule manière vraiment naturelle, convenable, cachée & philosophique. Tout feu élémentaire, même le moindre, quelque nom qu'on lui donne, le chasse ou le tue, du moins le rend-il incapable d'être resusçité philosophiquement. De sorte que la matière est inutile plus qu'on ne sauroit croire sans

ejus ignis, vasis & athanoris notitia plane inutilis vixque credibilis.
Ad horum investigationem minus nihilo conducunt Auctores, nam sua propria vestigia adeo sollicite extersere, ut tirones etiam vera suspicantes in devia deflectant, suos proprios anteactos errores, nugas & deliramenta pro oraculis venditent, & in infinitos labores, sumtus, labyrinthos ac plerumque omnium bonorum jacturam, credulos seducant. Quid mirum igitur, si nobilissima haecce Scientia & inquisitio summi in Natura Magisterii, tot hodie habeat osores & hostes? an praetexta occultandi necessitas, Philosophis hac in re veniam excusationis dare valeat, valde dubito, cum consultius sit silere, quam fallere & decipere. Ego Naturam ipsam unicam in hoc opere ductricem & magistram esse autumo. Nam Auctoris sui memor, nescit errare & fallere.

Notâ mihi materiâ, ejus emendatio & purgatio mihi quoque conside-

une exacte connoissance du feu, du vase, & de l'athanor.

Les auteurs nous aident moins que rien à découvrir ces choses, car ils en ont si soigneusement effacé les traces, qu'ils font donner à gauche les jeunes gens mêmes qui se doutent de la vérité. En vantant comme d'autant d'oracles leurs erreurs, leurs minuties & leurs rêveries, ils font perdre à ceux qui les croyent, des peines infinies & beaucoup d'argent; & les font tomber dans des labyrinthes dont ils ne sortent souvent qu'après avoir dissipé tous leurs biens. Faut-il s'étonner alors si cette noble science, & ces recherches de la plus parfaite préparation qui soit dans la Nature, sont aujourd'hui tant haïes & trouvent un si grand nombre d'ennemis? Je doute fort que la nécessité que les Philosophes prétextent à cacher ces choses puisse justifier leur conduite, puisqu'il semble qu'il vaut mieux se taire que de tromper. Pour moi je soutiens que la nature est le seul guide & la seule maitresse dans cet oeuvre; car se souvenant de son auteur, elle ne sauroit se tromper elle-même, ni les autres. La matière m'étant ainsi connue il me faut encore considérer & rechercher com-

randa & scrutanda venit: haec nequaquam sit ullo vel elementari vel artificiali igne, vase vel furno, sed igne proprio a summo opisice in principio, naturae immediate indito, & haereditario jure ad nos devoluto. Hunc crassioris ingenii agricola noscit, sed summus alchymista nescit. Hujus vires quovis momento sentimus, sed locum & domicilium post fugam ignoramus. Invisibilis enim est, non insensibilis. Lenis, vaporosus, perpetuus, aequalis, circum circa nudae materiae incubans. Hoc ipso fovetur, nutritur, solvitur, moritur, putrescit, germinat, viret, florescit, vivificatur, emendatur, perficitur, augetur & multiplicatur. Hujus investigatio ipsius materiae indagine longe difficilior, neque unquam ex libris expiscanda est. Ideo hujus notitia illius valde praeferenda, nam materiae cognitio sola parum confert ad notitiam ignis, hoc vero noto alterius latere vix potest.

Vas quoque nec est artificiale vel manu factum, sed naturale & homo-

ment elle doit être corrigée & épurée.
*Ceci ne se fait par aucun feu élémentaire
ni artificiel, dans aucun vase ni fourneau
mais par son propre feu que le Créateur
a donné dés le commencement, immédia-
tement à la Nature & que nous héritons.
Le laboureur la connoit malgré la grossié-
reté de son génie, & l'Alchimiste le plus
expert l'ignore entièrement. Nous sen-
tons à tout moment sa vertu, mais nous
ignorons le lieu de sa demeure après qu'il
s'est retiré. Il est invisible mais non pas
insensible, doux, vaporeux, continu, égal,
& repose à l'entour de la matiére nue.
Par cela même il est entretenu, nourri
& se dissoud, il meurt, se corromp,
germe, verdit, fleurit, & est vivifié
corrigé, parfait, augmenté & se multi-
plie. Sa recherche est bien plus difficile
que celle de la matière même, puis qu'on ne
peut jamais le trouver dans les livres. C'est
pourquoi la connoissance de ce feu doit être
préférée de beaucoup à celle de la matière;
car la connoissance de la matière seule con-
tribue peu à celle du feu, au lieu que celui-ci étant une fois connu, la connoissance
de l'autre peut à peine rester cachée.
Le vase aussi est ni artificiel ni fait
de main, mais naturel & homogéne, ob-*

geneum, oblongum cum collo. Clausum & apertum, prout res postulat, opacum & obscurum. In hoc uno & unico in terris, incipit, coquitur, perficitur materia. Ubique & quovis momento haberi potest, nec sumtuosum ut ignis, cujus nutrimenta permultis magni constant: Seipsum hermetico sigillo claudit & aperit; Nec plus recipit, quam fas est, cetera recusat: Unde de proportione vel quantitate nihil timendum, haud ignorat Natura quantum opus habeat, dummodo adminicula ipsi debita subministremus. Unicus quoque mihi est furnus, ex limo quidem terrae, tamen naturalis, non extructus, vel arte factus, spiraculis instructus duobus, lateribus opacis, tamen adeo mobilis, ut eum quovis loco facillime movere, ac mecum, etiam in longissimo itinere, absque ulla molestia vel metu proditionis, circumferre possim. Hoc mirum, cum Athanor meus fortissimum naturae, vel, ut loquuntur monnulli, quartum gradum ignis, in se contineat, ac ejus virtute subsistat, tamen vel minimo elementari vel Lampadis igne

long avec un col, fermé & ouvert, selon que l'exige la nécessité, opacque & obscur. Dans celui-ci, qui est seul & unique sur la terre, la matière commence, est cuite & perfectionnée. On peut l'avoir partout & à tout moment, & il ne coûte pas tant que le feu dont la matière coûte beaucoup à bien des gens. Il se ferme lui-même hermétiquement & se r'ouvre. Il ne reçoit pas plus qu'il ne convient & refuse le superflu; de sorte qu'on n'a que faire de s'embarrasser de la proportion ni de la quantité; la Nature n'ignorant pas de combien elle a besoin pourvu qu'on lui fournisse les secours nécessaires. Je n'ai non plus qu'un seul fourneau, qui est bien de terre mais naturel, & à la construction duquel l'art n'a point de part. Il est pourvu de deux soupiraux, les côtés en sont opacques, cependant il est si mobile que je puis aisément le transporter d'un lieu en un autre & même l'emporter avec moi dans de longs voyages, sans aucun embarras ni crainte d'être trahi. Ce qu'il y a d'étonnant, c'est que mon athanor contient, au dedans de soi, le feu le plus fort de la nature, ou comme d'autres s'expriment le quatrième degré du feu, & que c'est par sa vertu qu'il subsiste; il se romp néan-

rumpitur ac destruitur. Inde tibi argumentum, quam longe differat a quovis artificiali.

Difficilia in hoc opere sunt
1.) Cognitio & cura horarum partus, nam valde in hoc assimilatur generationi humanae, ut suas habeat conceptionis & partus horas.
2.) Regimen ignis, in quo incauti saepe peccant, cum dispendio totius aedificii, qui tamen scopulus sedula & attenta opera facile effugi potest.
3.) Secretum artis, quod per reditum ad primum fontem cito didici.

Reliqua levia, nec ingrata, excepto odore teterrimo, qui in limine semper occurrit.

Colores tres, niger, niveus & rubinus, licet per multos alios intermedios ex uno in alterum fiat transitus.

Ex antedictis his cujuslibet trado examinandum judicio, an praestantissimum hoc opus, tam arduum, tam difficile, ut plane contemni, rejici, pro chimera, vel turbato intellectu, immo stultitia censeri mereatur, quin

moins & est détruit par le moindre feu élémentaire ou d'une Lampe. Vous pouvez vous convaincre par-là combien il différe d'un vase artificiel.

Ce qui rend cet oeuvre difficile, c'est 1. La connoissance & le soin des heures de l'accouchement, car cet oeuvre ressemble fort à la génération de l'homme en ce qu'il a ses heures de conception & d'accouchement.   2. Le gouvernement du feu, en quoi ceux qui n'employent pas les précautions requises pêchent souvent & ruinent par-là tout l'édifice; écueil qu'on peut aisément éviter lorsqu'on est attentif & circonspect.   3. Le secret de l'art que j'ai appris promptement en remontant à sa première source. Le reste est facile & nullement désagréable, excepté l'odeur puente qui frappe au comencement. Les couleurs sont trois en nombres le noir, le blanc qui égale la neige, & la troisième qui ressemble au rubis, quoique le mélange de ces trois en produise encore d'autres.

Je laisse à chacun à examiner, par ce qui vient d'être dit, si cet excellent oeuvre est si pénible & si difficile qu'il doit être entièrement méprisé & rejetté, ou bien traité de folie comme la chimère d'un cerveau troublé. Je crois plutôt qu'il est si

potius mea sententia, tam leve, tam facile, ut a quovis rustico meo (cui primum liceat mihi verba nonnulla in aures susurrare) chymicarum artium prorsus ignaro aeque bene ac a summo Philosopho elaborari & perfici possit. Sed haec est ipsa & primaria causa, cur a natura patens hoc Regale Palatium, tot tantisque Philosophis, etiam acutissimi ingenii, occlusum sit. Ab ineunte adolescentia per Logicas & Metaphysicas suas conclusiones a simplicis naturae tramite devii illusionibus Librorum etiam genuinorum decepti, existimant & jurant hanc artem quavis Metaphysica esse profundiorem ac difficiliorem: cum tamen candida natura in hac ut in omnibus suis reliquis operationibus, recto & simplicissimo progrediatur passu. Unica nobis materia. Simplex coctio. Materia, vas, furnus, ignis, res una & eadem. Quid opus est in longinquis quaerere, quod domi sufficienter habemus. Sed abjecta & contemta natura, non cadit in captum & existimationem summorum illorum Philosophorum. Etiam si scirent, indigna haec res videretur

aisé & si facile qu'il peut se faire aussi bien par un de mes paysans tout à fait ignorant dans la chimie, (pourvu que je lui aye dit auparavant quelque mot à l'oreille) que par le plus excellent Philosophe. Mais voici la première & véritable cause pourquoi la Nature a cachée ce Palais ouvert & royal à tant de Philosophes, même à ceux d'un esprit très-subtil; c'est que s'écartant, dès leur jeunesse, du chemin simple de la Nature par des conclusions de Logique & de Métaphysique, & que trompés par les illusions des meilleurs livres mêmes, ils s'imaginent & jurent que cet art est plus profond & plus difficile qu'aucune Métaphysique quelconque; quoique la Nature ingénue marche dans celle-ci comme dans toutes ses autres opérations, d'un pas droit & très-simple. Nous n'avons qu'une unique matière, qu'une simple coction. La matière, le vase, le fourneau & le feu ne sont qu'une seule & même chose. Qu'est il besoin de chercher dans des pays éloignés, ce que nous avons suffisamment chez nous? Mais la Nature abjecte & méprisée n'est pas un objet propre à s'attirer l'attention & l'estime de ces grands Philosophes. Et quand même ils la connoitroient, elle ne paroitroit pas

occupationibus & studiis tantorum virorum qui cognitionem sui ipsius detrectant, per fastum & avaritiam ad stellas & planetas assurgunt. Hos sibi dignos Socios judicant, & mox ad eorum antesignanum solem sese conferunt, ipsique luna in sponsam oblata, vicissim pro mercede liberum sibi aditum ad ingentes sponsi gazas expostulant.

Sed frustra proles a mortuis expectatur. Summa haec idola vulgi, nullo, in opere nostro, prae caeteris gaudent privilegio. Aqua nostra opus habent, si modo semen emittent, & fructu suo solaricolonum beabunt. Hic vero nequaquam est primarius finis veri Philosophi. Progeniem principis illius planetarum, tanquam parergon & rudimentum scientiarum suarum censet. Quid illi ingens auri & argenti vis, qui majores utriusque Indiae opes, pro lubito conficere & acquirere scit. Harum possessiones domino suo quotidie varia suscitant discrimina, ingentes curas & sollicitudines. Tandem mundo sunt derelinquendae. Possessori suo interea plus commodi vix attulêre, quam quod

digne à des gens d'un tel mérite d'en faire leur occupation & leur étude; gens qui méprisent la connoissance d'eux-mêmes, & qui par le faste & l'avarice s'élèvent jusqu'aux étoiles & aux planètes, & se les associent comme de dignes amis qui se tournent d'abord vers leur chef le soleil, & après lui avoir offert la lune en mariage ils demandent pour recompense un libre accès aux trésors immenses de l'Epoux. Mais en vain attend-on lignée des morts. Les superbes idoles du vulgaire ne jouissent d'aucun privilège par-dessus les autres, dans notre oeuvre. Ils ont besoin de notre eau dès qu'ils sémeront, & raviront par leur fruit ceux qui travaillent sur le soleil. Ce n'est pourtant pas là la fin principale d'un vrai Philosophe. Il regarde la race de ce Prince des Planètes comme un amusement, & comme les premiers rudimens de ses connoissances. Qu'importe à celui, qui peut se faire & s'acquerir à son gré des richesses, qui surpassent celles des deux Indes, d'avoir un grand amas d'or & d'argent? La possession de ces biens cause journellement à ceux qui les possédent des soins & des inquiétudes, & les exposent à divers dangers. Il faut enfin les abandonner, & à peine apportent-ils d'autre

cum plerisque mortalibus ipsi commune, ad exstinguendam samem & sitim. Pallida mors demum aequo pulsat pede pauperum tabernas, regumque turres. Cui vero patet janua Naturae, nihil deest nisi cognitio omnipotentis Authoris. Ad hanc acquirendam se totis viribus devovet, qui prae oculis videt omnia in ejus laudes collineare, haud mirum, si omnibus rebus mundanis spretis & relictis, unico trahatur amore & desiderio tanti Artificis ac Domini.

Qui sapore aeternitatis gaudet in hac vita, eam cum vera & beatissima illius fruitione, quantocius commutare, & qui peregrinus & exul a patria vixit liber & incolumis cum licet, patriam repetere nullus dubitat. Hinc habent responsum quaerentes, cur tam raro comperiatur, Philosophos compotes alioquin voti ac summae in Natura medicinae non ultra ordinarium vitae humanae cursum, suam protulisse aetatem. Nimirum

avantage à leurs possesseurs que celui qui leur est commun avec la plûpart des mortels; je veux dire d'assouvir la faim & d'éteindre la soif. Enfin la pâle mort frappe aussi bien à la porte d'un Palais qu'à celle d'une Cabane. Mais à celui à qui la porte de la Nature est ouverte, il ne lui manque autre chose que d'en connoitre le tout-puissant Auteur. C'est à acquérir cette connoissance, que se devoue de toutes ses forces celui qui voit devant ses yeux que tout tend à sa gloire, & il n'est pas surprenant que méprisant & abandonnant toutes les choses de la terre, il se livre uniquement à l'amour & au desir qui l'entraine vers l'Auteur & le Maitre de l'Univers.

Celui qui a pris du goût pour l'éternité souhaite avec ardeur de quitter cette vie pour en être mis en possession, & celui qui a vécu dans l'exil & comme étranger dans des pays éloignés, quoique libre & en sureté, n'hésite pas à retourner dans sa patrie. Ceci fournit une réponse à ceux qui demandent pourquoi on voit si rarement que les Philosophes à qui tout réussit ordinairement, & qui ont des connoissances si exactes de la Médecine ne vivent pas plus longtems que le reste des hommes, c'est qu'il ne leur reste rien de mortel à desirer. Le Très-

non superest illis mortale quod optant. Duos diebus nostris constituit Altissimus terminos, primum accidentalem, secundum naturalem. Hunc nemo mortalium, neque Philosophus, transire potest. Illum, nutu divino, remotis diverticulis & obstaculis, ad hunc extendere valet Magorum scientia. Exempla sunt Protoplastae ac Patres antediluviani, exempla quoque sunt plurimi Philolophorum. Primus ille nunc ordinarius & communis reliquis omnibus nostri aevi mortalibus. Clarius hoc patet exemplo cujusvis lampadis vel candelae accensae: ardet haec ad extremam supellectilem materiae, nimirum ad secundum terminum, nisi quibusvis mediis aut causis accidentalibus (primo termino) extinguatur. Arderet quoque vitae nostrae lumen vel lampas ad finem suae Materiae & olei vitalis, nisi progressu aetatis, vel casu violento, vel debili constitutione, dietae intemperantia, luxuria, mollitie (unde morborum ingens agmen) vel aliis causis accidentalibus extingueretur. Contra hunc valet, si placet, Magorum Scientia, nisi

haut a mis deux termes à nos jours; l'un accidentel & l'autre naturel. Aucun mortel ni même le Philosophe ne sauroit passer celui-ci. Pour l'autre à ce que nous apprend la science des mages, peut être prolongé, par la volonté divine & l'éloignement des obstacles. Nos premiers Pères & ceux qui ont vécu avant le déluge en fournissent des exemples, de même que plusieurs Philosophes. Le premier de ces deux termes est ordinaire & commun à tous les mortels de notre siècle; c'est ce qui paroitra plus clairement par l'exemple d'une lampe ou d'une chandelle allumée; qui brule autant que la mêche dure c'est-à-dire jusqu'au second terme, à moins qu'elle ne soit éteinte par quelque cause accidentelle, qui fait le premier terme. La chandelle ou la lampe de notre vie bruleroit aussi jusqu'à ce que sa matière ou son huile vitale fut consumée, si elle n'étoit éteinte par l'âge, ou par quelque accident violent, par une complexion foible ou par l'intempérance, la débauche & la mollesse, d'où proviennent nombre de maladies, ou par quelque autre cause accidentelle. La science des sages peut beaucoup contre ce terme à moins, qu'ayant de meilleures choses devant les yeux, ils n'obtiennent du Créa-

meliora prae oculis videntes, precibus a Creatore obtinuerint, quam primum resolvi & esse cum eo.
Ut vero ad nostra redeam. De tribus distinctis operibus, animali scilicet, vegetabili & minerali, de opere majori & minori, de opere Saturni, de via humida & sicca, multa habentur in libris. Tantorum virorum authoritati quicquam detrahere vel resistere, tantaque oracula oppugnare mihi non est animus. Valde tamen dubito, annon his omnibus unam rem significaverint? An haec non sint diversi gradus in operatione? An tot nominibus non ad unam eandemque collineaverint metam omnes. Ut credam facile inducor, varios Mercurio vero obtento varias quaesivisse abbreviationum vias & compendia, cum paucissimorum ex hodiernis patientia eo usque se extenderit, ut praestantissimum simul ac longissimum hoc opus ad eam ultimam perfectionem perduxerit, quae arti & naturae licita est. Mihi tamen nunquam persuasum habere possum, ullum Philosophorum, ullo alio Mercurio, ulla alia praeparatione vel ulla

par leurs prières, de déloger bientôt pour être avec lui.

Mais pour revenir à notre sujet, on trouve beaucoup de choses dans les livres touchant les trois oeuvres distincts; c'est-à-dire l'animal, le végétable, & le minéral: le grand & le petit oeuvre: l'oeuvre de Saturne: le chemin humide & sec. Je n'ai pas dessein de diminuer l'autorité d'aussi excellens personnages ni de lui resister, & combattre tant d'oracles. Je doute cependant beaucoup si par tous ces noms, ils n'ont pas voulu désigner une même chose; & si ce ne sont pas des différens dégrés dans l'opération; si tous par tant de noms ne visoient pas au même but. Je n'ai pas de peine à croire que plusieurs d'entr'eux, après avoir obtenu le véritable Mercure, n'ayent cherchés diverses voyes pour abréger, puisque la patience des modernes ne s'étend guères jusqu'à porter cet excellent mais long oeuvre à ce dernier dégré de perfection, qui est permis à l'art & à la nature. Cependant, je n'ai jamais pû me persuader qu'aucun des Philosophes ait pu pousser son oeuvre à une fin desirée par quelqu'autre Mercure que par la matière, de laquelle j'ai parlé ci-dessus, &

alia operatione, opus suum ad optatum perduxisse finem, quam antedicta mea Materia & Methodo: in qua unica Natura aerarii sui claves abscondidit, in qua denique nullae sunt superfluitates, sed omnia assidua coctione in gloriosum vertuntur Elixir.

Haec est via humida & sicca, hoc est opus animale, vegetabile & minerale simul. Nam quotidiana experientia commonstrat, Naturam ex hac materia aeque bene animal ac plantam, Minerale & Metallum, ad beneplacitum & materiae dispositionem producere. Regimina quoque & colores in progressu ipsius operis vera semina omnium planetarum nobis ante oculos ponunt. Ex hoc opere maximo, tanquam rivuli a fonte profluunt innumera particularia, quibus, quamvis brevioribus, supersedeo, cum longe distent a perfectione hujus Universalis, difficillima insuper sunt, incerta, ac levissimo errore irrepto, irrita. Mihi quoque forsan via Aquarii Sapientum cognita est, sed cujus elaborationem nunquam suscepi, ob infinitos quasi & taediosissimos labores

par ma méthode, dans laquelle seule la Nature a caché les clefs de son trésor; & dans laquelle enfin il n'y a rien de superflu, mais ou le tout se transforme par une coction assidue en un glorieux Elixir.

C'est-là le chemin humide & sec, c'est-là, l'oeuvre animal, végétable & minéral en même tems. Car l'expérience journalière nous apprend que la Nature peut, selon son bon plaisir, & la disposition de la matière, produire aussi bien un animal qu'une plante, un minéral & un métail. Les régimes & les couleurs nous mettent devant les yeux, dans le cours de l'oeuvre même, les vrayes semences de toutes les planêtes. De ce grand oeuvre proviennent, comme les ruisseaux d'une source, plusieurs choses particulières que je ne raconte pas, quoiqu'elles soyent très-courtes, parce qu'elles sont fort éloignées de la perfection de cette universelle, & qu'elles sont d'ailleurs très difficiles, incertaines & vaines s'il s'y glisse la moindre erreur. Le chemin du Verseau des sages m'est peut-être aussi connu; mais je n'ai jamais entrepris d'y travailler, à cause

& accuratissimas manipulationes, quae Magistrum in ergastulo Vulcani probe versatum requirunt. Meo in opere cum jusculum meum bene clausum suo igni & furno semel commiserim, alio magistro & manuductore opus mihi non est, quam ipsa Natura. Haec ipsa nunquam otiosa, quovis momento incumbit, & pergit de gradu in gradum ad novam resurrectionem & summam perfectionem. Si una vel altera vice, per incuriam artificis erratur, error tamen ab ipsa corrigitur. Unicum dolendum, longissimum nimirum tempus, cum vix intra biennium ad rotationem aliquam utilem & fructuosam perduci ossit. Attentum insuper, ac omnibus aliis curis vacuum, requirit opificem, ne hujus incuria, vel aliarum rerum avocamento, plurimorum mensium fructus, uno momento perdatur. Haec mihi causa, cur ter opus frustra aggressus sum, cur, quod apud Magistrum meum toties vidi, audivi, manibusque tractavi, propriis manibus elaborare, huc usque publicis negotiis distracto, non licuit. Si tibi plus patientiae, atten-

que l'ouvrage est infini & très-désagréable, & qu'il demande la manoeuvre exacte d'un homme accoûtumé à souffler du charbon. Lorsque dans mon oeuvre j'ai une foi confié mon bouillon, bien renfermé, à son feu & à son four, je n'ai plus besoin d'autre maitre ni d'autre guide que la Nature même. Celle-ci n'est jamais oisive, elle travaille toûjours & tend de dégré en dégré à une nouvelle résurrection, & à la plus haute perfection. Quand même l'artiste se tromperoit quelque fois elle redresse aussitôt son erreur. Une seule chose à regretter c'est qu'elle exige tant de tems, car à peine sauroit-elle, dans l'espace de deux ans, être conduite à une rotation utile & fructueuse. Elle requiert encore un artiste attentif & libre de tous autres soins, de peur que par sa négligence ou l'empêchement d'autres affaires, le fruit de plusieurs mois de travail ne soit perdu dans un moment. Mes distractions, causées par des affaires publiques, ont été cause, par exemple, qu'à trois différentes reprises j'ai recommencé sans succès cet oeuvre & que je n'ai pu achever ce que j'ai vû chez mon maitre, ce que j'y ai ouï & manié de mes mains. Si vous avez plus de patience, d'attention & de loisir, soyez content &

tionis temporisque a summo Numine concessum, hilari & constanti animo, precibusque indefessis perge ad finem, & certus esse potes de summo, post DEUM, in terris bono. Nam tuam sanitatem, juventutem, ingenium, opes &c. restaurat, & ad extremum vitae halitum, in optata mentis requie conservat.

 Hoc est aureum vellus Graecorum, Lux & Justitia Hebraeorum, Stella lucida Magorum, quae hos duxit ad quaerendam cognitionem Domini Naturae, Verbique increati.

 Coronidis igitur loco, sit tibi commendatum, ut ante omnia ipsius Naturae Auctoris tibi gratiam concilies, nec eo invito, haec sacra adeas, qui & aufert & dat cui vult: cum quo possumus omnia & fine quo nihil. Hunc ex intimo corde roga, ut tibi revelare dignetur, quomodo coeli universusque coelorum exercitus enarrent gloriam ejus.

 Cui soli honor & Laus in aeternum!

d'une humeur gaye, priez sans relâche jusqu'à la fin, vous pourrez être sûr d'avoir trouvé sur la terre le souverain bien après Dieu. C'est-là ce qui restaure la santé, fortifie la jeunesse, augmente les biens &c., & conserve jusqu'au dernier soupir la tranquilité desirable de l'esprit.

C'est la Toison d'or des Grecs, la Lumière & la Justice des Hebreux, l'étoile resplendissante des Mages, qui les a conduits dans la recherche de la connoissance du Seigneur de la Nature & du Verbe incrée.

Je finis en vous recommandant qu'avant toutes choses vous ayez soin de vous concilier la grace de l'Auteur de la Nature, & de ne pas vous approcher de ces mystères contre sa volonté, parce qu'il les ôte & les donne à qui il veut: avec lui nous pouvons tout, & sans lui nous ne pouvons rien. Priez-le de tout votre coeur qu'il vous fasse connoitre comment les cieux & leurs armées racontent sa gloire.

A lui soit honneur & gloire à jamais!

CABBALA TABULÆ PYTHAGORICÆ.

vel I

Chaos, seu hyle, Numerus Imus
& circulus O, ex quo

I I

Anima Mundi O vel Sol per =Ma Lu-
nam Matricem agens =Mm efficit

I I I

Spiritum, animam & corpus ♋

Quae tria Naturae principia cum adhuc sint intellectualia, compositum,
addito primo numero, dant perfectum ex quatuor Elementis

I I I I
▽ ▽ △ △   hoc est + vel terra nostra

Hinc Divinus ille imperscrutabilis
Ternarius Magicus, superato Bina-
rio, auxilio quaternarii, cum gloria

CABALE DE LA TABLE DE *PYTHAGORE.*

ou I

*Le Chaos ou la Matière, le nombre Ir.
& le cercle O par lequel l'Ame*

I I

*du Monde O ou le Soleil par =Ma la Lune
sa Matrice =Mm fait*

I I I

L'Esprit, l'ame & le corps ♋

*Ces trois principes de la Nature étant
encore intellectuels donnent après y avoir
ajouté le premier nombre, un composé parfait des quatres Elémens.*

I I I I
▽ ▽ △ △ *c'est-à-dire + ou bien
notre Terre*

*De-là ce nombre divin inperscrutable
Ternaire magique, après avoir vaincu le
deux par le secours du quatre, s'avance*

pergit ad Primum, unde perfectus efficitur

Hinc ineffabile illud

Tetragrammatum Graecorum & Schemhammephorasch Hebraeorum

Cujus quaevis Linea, nomen exprimit Domini, & sicut hoc ex puris constat vocalibus, nec ullum in mundo verbum sine Vocali effari potest, unde Aegyptii *omnia Jovis plena.*

Idem

Pythagoras, tabulâ suâ divinâ, ab

avec gloire vers le premier, d'où il devient parfait

De-là cet ineffable

׳
ה ו
י ה ו
ה ו ה י

Le Tetragramme des Grecs &
le Schemhammephorasch des
Hebreux.

Dont chaque ligne exprime le nom du
Seigneur, & comme il est composé de voyel-
les pures, & qu'aucun mot au monde ne
peut être prononcé sans voyelle, de même
aucune chose dans le monde ne peut exister
ni subsister sans Dieu; d'où vient ce mot
des Egyptiens: Jupiter remplit tout.

Le

Même Pythagore a voulu signifier la

Aegypto vel Palaestina secum allatâ, significare voluit.

$$\begin{matrix} & & I & & \\ & I & & I & \\ I & & I & & I \\ I & I & & I & I \end{matrix}$$

Quae invicem addita, dant perfectum Denarium X, qui anatomice dissectus in medio, levoque cornu perpendiculariter erecto, dat lit. L, ambo vero cornua simul lit. V, integer demum lit. X, unde LVX, quae unica vox D E O placuit ad Ideam quandam homini de se relinquendam.

même chose par sa table divine qu'il avoit
apportée d'Egypte ou de la Palestine.

```
      I
     I I
    I I I
   I I I I
```

Ces unités ensemble donnent le nombre
X. parfait, qui disséqué anatomiquement
par le milieu, la corne gauche étant éri-
gée perpendiculairement, donne la lettre
L, mais les deux cornes ensemble la lettre V, & en entier la lettre X, d'où
vient LVX, qui fait un seul mot par
lequel il a plu à Dieu de laisser quelque
idée de lui à l'homme.

COROLLARIA

Hinc discant,

Geometra quadraturam circuli & perpetuum mobile, nimirum ex circulatione 4. Elementorum

Arithmeticus Numeri sensibilis productionem a puris intellectualibus

Gramaticus Originem Literarum.

COROLLAIRES.

Que

Le Géométre *apprenne de-là la quadrature du Cercle, & le mouvement perpetuel, savoir par la circulation des quatres élémens.*

L'Arithmeticien *la production du nombre sensible par des choses purement intellectuelles.*

Le Grammairien *l'origine des Lettres.*

CATALOGUS

LIBRORUM

Venalium in officina

PETRIMORTIER

Bibliopolae Amstelaedamensis.

ADolphi (D. Christ. Mich) Trias Dissertat. Physico Medicar. de quibusdam affectibus singularibus 1. de Affectu Mirachiali, 2. de Porcello Cassoviensi, 3. de Eructatione Flammante 4. Lips.

Acta Physico-Medica Academiae Caesareae Leopoldino-Franciscanae Naturae Curiosorum exhibentia Ephemerides; Volumen Octavum. 4. Norimb. 1748. cum fig.

Allen (J.) Synopsis Universae Medicinae practicae, sive Doctissimorum Viror. de Morbis eorumque causis ac remediis judicia. 8. Edit. Nova, Francof. 1749.

Androphili Asclepiadei Liber, in quo pauca explicantur, quorum scitu Sanitas conservari & vita hominis ab ignorantia Medicorum poterit esse secura, 8. Franc. & Lips. 1747.

BErgen (Caroli Aug. de) Flora Francofurtana Methodo facili elaborata. 8. Frft. 1750.

Blancardi (Stephani) Lexicon Medicum, Viri Celeb. J. H. Schulzii opera insigniter auctum & emendatum, nunc denuo recognitum variisque access. locupl. curante Mich. Gott. Agnethlero. 8. Halae 1748.

Burckhard, (Jo. Henr.) Epistola ad Gothorf. Leibnitium qua characterem plantarum naturalium nec a radicibus, nec ab aliis plantarum partibus minus essentialibus &c. peti posse ostendit, acced. Laur. Heisteri Praef, de Origine methodi plantarum hucusque inventoribus &c. cum fig. aen. 8. Helmst.

COnradi (Andreae) Dissertatio Medica de Depositionibus Criticis 4. Gottingae 1748.

Coschwitz (Ge. Dan.) Organismus & Mechanismus in homine vivo obvius destructus & labefactus seu hominis vivi consideratio Pathologica, 4. Lips. 1745.

-------------------------- Organismus & Mechanismus in homine vivo obvius & stabilitus seu hominis vivi consideratio Physiologica. 4. ibid. 1745.

GOrteri (Joannis de) Medicinae Compendium in usum excercitations Domesticae digestum. 2. vol. 4. Lips. 1749.

HAlleri (Albert.) de Respiratione Experimenta Anatomica quibus aëris inter Pulmonem & Pleuram absentia demonstratur &

Musculorum intercostalium internorum officium adferitur. 4. Gottingae.

Halleri (Alb.) Collectio Disputationum Anatomicarum selectarum. Vol. 1. ad Chylificationem, 4. Gotting. 1746. cum fig. aeneis.

-------------- Volum. II. ad, Cor arterias, glandulas, cerebrum. ibid. 1747. cum Tab. aeneis.

-------------------- Volum. III. ad Lienem, Hepar, Renes, Cutem, Musculos, 4. ibid.

Halleri (Alberti) Flora Jenensis Henrici Bernhard Ruppii Observationibus aucta & emendata. 8. Jenae 1745.

-------- ej. de Alli Genere Naturali Libellus cum fig. Aeneis. 4. Gottingae 1745.

------------ ej. Iconum Anatomicarum quibus praecipue partes Corporis Humani exquisita cura delineatae continentur Fasciculus I.II. & III. Fol. Gottingae 1743--1745.

Halleri (Alberti) primae Lineae Phisiologiae, in usum Praelectionum Academicarum. 8. Gottingae 1747.

------ Ej. Opuscula sua Botanica prius edita recensuit, retractavit, auxit, conjuncta edidit. 8. ibid. 1749. fig.

Hausenii (Chr. Aug.) novi Profectus in Historia Electricitatis: acced. V. C. Henr. de Sanden, Dissertatio de Succino electricorum Principe quam edidit & de Vita B. Hausenii

praefatus est J. Chr. Gottsched. 8. Quedl
Heisteri (Laurentii) Compendium institutionum sive Fundamentorum Medicinae adjecta est Methodus de Studio Medico Optime instituendo & absolvendo 4. Helmstadii 1745. Editio Nova auctior & emendatior.
Heisteri (Laur.) Systema Plantarum Generale ex Fructificatione, cui annectuntur Regulae ejusdem de Nominibus Plantarum a Celeb. Linnaeo longe diversae 8. Helmst. 1748.
Hofmanni (Frider.) Operum omnium Physico- Medicorum Supplementum Folio Genevae 1749.
Hofmanni (Fridr.) Praxeos Medicae seu Therapiae Specialis methodum singulis morbis Prudenter & Feliciter medendi ex Medicina Rationali Systematica in Usum Docentium & Discentium depromta. 8. Halae 1748.
Hofmanni (Frid.) Fundamenta Physiologiae sive positiones statum corporis humani vivi & sani delineantes ex Medicina rationali Systematica depromtae. 8. Halae.
Hofmanni (Frid.) Fundamenta Pathologiae generalis seu positiones Statum corporis humani morbosi delineantes, ex Medicina rationali Systematica depromtae. 8. ibid.
Hofmanni, Fundamenta Pathologiae Specialis seu positiones Statum Corporis humani morbosi & imprimis singulorum morborum di-

versimode illud adfligentium Historiam,
Symptomata & genuinas Causas delineantes
& exponentes 8. Halae.

Hofmanni (Frid.) Fundamenta Therapiae generalis seu positiones viam ad veram & universalem medendi Methodum pandentes remediaque selectissima, cum eorundem physico Mechanico operandi & dextre adplicandi modo demonstrantes ex Medicina rationali Systematica depromtae variisque necessariis & utilibus regulis hinc inde auctae. 8. Halae.

Hückerii (Bartholdi Ludovici) Observationes Medicinales Selectae. 8. Francofurti 1745.

KEsleri (Carol. Gottl.) Exercitato de Motu Materiae Electricae, 8. Wratisl. 1747.

LInnaei (Caroli) Materia Medica. 8. Holmiae 1749.

Lieutaud (Josephi) Elementa Physiologiae, juxta Solertiora Novissimaque Physicorum Experimenta & Accuratiores Anatomicorum Observationes concinnata. 8. Amst. 1749.

MAgati (Caesaris) de rara Medicatione Vulnerum Libri II. 4. Francof. 1744.

Manningham (Richard) Artis Obstetricariae Compendium tam Theoriam quam Praxin Spectans &c. in usum Medicinae Tyronum & rursus editum & novis quibusdam additamentis auctum, & Tabulis aeneis ornatum

a D. Phil. Adolpho Boehmero. 4. Halae.
Mead (Rich.) Medica Sacra. Sive de Morbis
qui in Bibliis memorantur commentarius.
8. Amstel. 1750.
Mead (Rich.) Opera Medica, continens I.
de Imperio Solis & Lunae; II. de Variolis
& Morbillis; III. Rhazis de Variolis &
Morbillis; IV. Oratio Anniversaria Harvela-
na; V. de Nummis quibusdam a Smyrnaeis in
Medicorum honorum percussis, 8. Gottingae.
NIcolai (Ernst. Ant.) Methodus praescriben-
di Formulas Medicamentorum exemplis ad
Medici quondam illustris Fr. Hofmanni mentem accommodatis illustrata. 8. Hallae
PLatneri (D. Jo. Zach.) Institutiones Chirurgiae
rationalis, tum medicae tum manualis in
usus discentium, adjectae sunt icones non-
nullorum serramentorum aliarumque rerum
quae ad Chirurgi officinam pertinent. 8.
Lips. 1745.
Platneri (Jo. Zach.) Orationes Academicae, ac-
cessit Elogium ejusdem. 4. Lipsiae 1747.
SChurigii (D. Martini) Haematologia Histori-
co- Medica, hoc est Sanguinis consideratio
Physico-Medico Curiosa, 4. Dresdae 1744.
------ ej. Lithologia Historico-Medica, hoc
est Calculi Humani consideratio Physico-
Medico-Curiosa, 4. ibid. 1744.
Selecta Medica Francofurtensia tomi IV. 8.

Francofurti 1745.

Schurigii (D. Mart.) Spermatologia Historica Medica. h. e. Seminis Humani consideratio Physico Medico-Legalis, 4. Francof. ad Moenum 1720.

Sydenhami (Thomae) Opera Medica in tomos duos divisa 4. Genevae 1749.

Siccus (Joh. Ant.) de optimo medico, ad Victorem Trincavellium medicum optimum. Liber aureus. 8. Harlemi 1748.

Stahlii (D. Georg. Ern.) Fundamenta Chymiae dogmaticae & experimentalis, & quidem tum communioris physicae, mechanicae, pharmaceuticae ac Medicae tum sublimioris sic dictae hermeticae atque alchymicae; annexus est Isaci Hollandi de Salibus & Oleis metallorum editio 2. auctior. 2 vol. 4. Nurnb.

VAteri (Abrah.) Museum Anatomicum proprium, in quo omnis generis nitidissima praeparata anatomica ab Autore confecta, ex omnibus partibus totius corporis humani, balsamo condita, atque asservata sunt ad modum Ruysschii, cum tabulis aeneis XII. 4. Helmst.

WAchendorf (Ever. Jac. van) Horti Ultrajectini Index. 8. Traj. ad Rh. 1747.

FINIS.

LA CLAVICULE

DE LA

SCIENCE

HERMETIQUE

ECRITE PAR

UN HABITANT DU NORD,
DANS SES HEURES DE
LOISIR,

L'AN MDCCXXXII.

A AMSTERDAM,

Chez *PIERRE MORTIER*,

MDCCLI.

www.ingramcontent.com/pod-product-compliance
Lightning Source LLC
Chambersburg PA
CBHW060850050426
42453CB00008B/924